DÉFENSE
DE
LA LIBERTÉ RELIGIEUSE.

DISCOURS
DE M. BERRYER

SUR LES INTERPELLATIONS FAITES PAR M. THIERS
AU SUJET DES CONGRÉGATIONS RELIGIEUSES.

A PARIS,
AUX BUREAUX DU JOURNAL *LA FRANCE*,
rue des Filles Saint-Thomas, 1;
CHEZ POUSSIELGUE-RUSAND, LIBRAIRE,
rue Hautefeuille, 9;
ET DENTU, AU PALAIS-ROYAL.

1845

Paris, imprimerie de POUSSIELGUE,
rue du Croissant, 12.

DEFENSE
DE LA LIBERTÉ RELIGIEUSE.

DISCOURS DE M. BERRYER.

Il ne se peut pas, Messieurs, que la grave question soumise, confiée aujourd'hui à votre examen, reste sur le terrain où elle a été posée dans la séance d'hier.

Je ne puis pas croire que, d'aucun côté de la chambre, on accepte ce droit facultatif, cette puissance d'administration qu'on ne me reprochera pas de qualifier d'arbitraire, cette puissance arbitraire, dis-je, que l'honorable M. Thiers venait hier offrir au cabinet, et que M. le garde des sceaux s'est empressé d'accepter, se réservant et promettant toutefois d'en user avec prudence.

Non, Messieurs, il ne se peut pas que les droits soient incertains, que leur exercice soit incertain lui-même, dans des questions qui touchent à ce qu'il y a de plus cher, de plus sacré, de plus libre, de plus noble dans le monde, qui touchent l'intelligence, la foi, les rapports de l'homme avec son Dieu.

Je ne pourrais comprendre un pays où le droit en de telles matières fût douteux, où la loi pourrait être quelque peu confiée à l'arbitraire et au caprice. Non, évidemment, il n'en peut pas être ainsi.

Hier les orateurs que vous avez entendus ont reconnu la liberté religieuse, mais ils ont prétendu que cette liberté devait être enfermée, enveloppée dans des restrictions, dans des dispositions préventives, qui, je le déclare, pour la conscience des hommes religieux, feraient considérer la liberté comme illusoire.

La question de savoir si ces lois existent en effet, cette question, messieurs, est la plus grave de celles qui puissent vous être soumises. Si ces lois existent, je n'admets pas qu'elles puissent n'être pas exécutées ; si vous les reconnaissez, si vous les proclamez, si elles ont quelque autorité dans le pays, leur exécution, tout le monde doit la demander,

Mais je soutiens que ces lois n'existent pas, et qu'elles ne peuvent exister.

M. HÉBERT. — Je demande la parole.

M. BERRYER. — J'aurai du moins un avantage aux yeux de la chambre. Je ne suis pas exposé aux reproches qu'un des orateurs, hier, adressait ici à ceux qui viennent défendre cette grande question de liberté religieuse.

Non, de mon côté, pour moi, il n'y a point à craindre qu'on me mette dans quelque contradiction avec moi-même.

La chambre peut ignorer ce qu'ont été les quinze premières années de ma vie, passées loin des regards de mes concitoyens; enfermé dans les travaux de ma profession indépendante, j'ai eu rarement l'occasion de me mêler aux affaires de mon pays, et d'exprimer sur ses intérêts et ses droits mes opinions personnelles.

Mais enfin je l'ai eue quelquefois, et j'ai du moins cette satisfaction, qu'il m'est permis de dire devant tous, que depuis trente ans, dans toutes les questions de politique, de religion, de liberté, parlant à voix haute, au barreau comme à la tribune, il ne m'est pas arrivé, un jour, depuis le pied de l'échafaud auquel j'ai voulu ravir des victimes, jusque devant les tribunaux qui prétendaient pénétrer dans le for de la conscience, jusqu'à cette tribune où nous allons délibérer, il ne m'est pas arrivé, un jour, de dire autre chose que ce que vous m'entendez dire devant vous, que ce que je vais vous exprimer aujourd'hui encore avec franchise. (Sensation.)

Je viens, avec toute liberté, discuter la question ; mais vous comprenez, Messieurs, que je veux la séparer des autres questions graves, difficiles, dont chacune mérite une sérieuse discussion, et qui ont cependant été introduites dans le débat qui nous occupe.

On a parlé des libertés de l'Eglise gallicane, on a parlé des appels comme d'abus, on a parlé de la liberté d'enseignement : Messieurs, permettez-moi de prendre la question où elle est aujourd'hui ; il s'agit uniquement du droit d'existence ou du droit de dispersion des congrégations religieuses existant en France, sans qu'elles soient autorisées par l'Etat.

J'occuperai peu la chambre de faits et de personnes ; quelque soin qu'aient eu les orateurs de chercher à restreindre la question, de s'efforcer même à la resserrer, comme le disait hier l'honorable M. Dupin, dans une question isolée, presque personnelle, n'ayant trait qu'à une individualité, à une compagnie individualisée en quelque sorte ; on n'a pu réclamer l'action du Gouvernement qu'en vertu d'un principe. Ce n'est donc pas des intérêts ou de la qualité des personnes, quelles qu'elles soient, que je suis occupé en ce moment : ce qui m'occupe, c'est le danger du principe qu'on a invoqué ; ce qui m'occupe surtout, ce sur quoi je veux appeler l'attention de la chambre, c'est l'injustice et le danger de la généralité du principe qu'on entend poser.

Je réclame, aux termes de nos lois constitutionnelles, la liberté et la plénitude des droits de l'Eglise catholique, à laquelle j'appartiens ; l'honorable M. Thiers, reconnaissant, ou du moins ne méconnaissant pas les droits de cette Eglise, a invoqué les droits de l'Etat, les droits de la société qu'on invoque toujours avec raison, et que fort heureusement il a appelés les droits de tous ; ces droits, je les invoque aussi; c'est en leur nom que je parle aux amis, aux défenseurs de toutes les libertés, en faveur de la liberté religieuse comme elle doit être entendue et comme je vais l'expliquer.

L'honorable M. Thiers à dit : Voulez-vous dans le pays une liberté en dehors des lois ? En existe-t-il chez un peuple quelconque de pareille ? Non. Nous vous demandons la liberté religieuse comme vous avez garanti toutes les autres, la liberté sous les mêmes conditions, sous les mêmes règles ; pas d'exception quant à la plénitude du droit, et même pouvoir de l'État pour la surveillance de ce qui se fait dans l'exercice de ce droit.

Au nom de l'intérêt de tous, vous vous écriez : Quelle étrange espèce de société veut-on donner à ce pays à l'aide de cette liberté absolue ? Est-ce une société idéale, une société imaginaire qu'on demande ? Non, Messieurs, je ne demande rien de périlleux, rien d'idéal, rien d'imaginaire pour mon pays quand je crois qu'il est assez éclairé, assez fort, assez honnête pour jouir de la plénitude des droits dont jouit l'Angleterre, dont jouissent les Etats-Unis, dont jouit la Belgique. Ce qui est dans ces pays, ne pouvons-nous l'avoir chez nous ? Sommes-nous trop peu avancés dans la pratique du gouvernement constitutionnel, trop peu avancés dans la liberté pour l'avoir chez nous, comme ces peuples l'ont chez eux ? C'est la question que je vous adresse à mon tour. (Mouvement divers.)

Permettez-moi une dernière réflexion pour répondre aux considérations générales qui d'abord ont été présentées devant vous. Cette réflexion est triste.

Je viens de prononcer le mot d'Angleterre. Eh, Messieurs, est-elle donc en effet destinée à être en tout notre trop heureuse rivale ? Considérez ce qui se passe des deux côtés du détroit, et méditez ce que vient de faire un grand homme d'Etat, le premier ministre dans un pays où il y a une religion d'Etat, où tout l'ordre politique est fondé sur la réforme religieuse, sur les droits de l'Eglise établie, dans un pays où l'on a cependant compris la liberté comme il faut bien la comprendre et l'admettre en France. Que fait sir Robert Peel? Il demande des secours, des subventions. Pourquoi faire? Pour un collége catholique, pour aider à propager l'enseignement catholique. Voilà la liberté dans toute sa plénitude et le gouvernement dans toute son intelligence. (Mouvement.)

M. THIERS. — C'est le moyen de faire établir une Eglise dissidente; c'est le contraire de ce que vous voulez!

M. BERRYER. — Ne devancez pas, je vous prie, la discussion; veuillez comprendre que j'ai bien des objections à combattre, encore que j'en resserre le cercle; vous avez soulevé bien des questions, et l'impatience de vos esprits reproduit des objections auxquelles, naturellement, je répondrai plus tard. Je maintiens en premier lieu que chez nous c'est une entrave, c'est une violation du droit de la religion de la majorité qu'on demande en ce moment.

On nous dit que non; qu'on peut être catholique, professer la religion catholique, exercer librement le culte catholique, sans entrer dans une congrégation religieuse, sans se faire moine, en un mot, sans être nécessairement dans un cloître; que, par conséquent, la faculté de vivre en congrégation est complétement indépendante de la liberté assurée à l'exercice du culte catholique et à la profession de cette religion.

Expliquons-nous donc, et permettez-moi de vous dire, au début de la discussion, que la question des congrégations catholiques est une question éminemment liée, pour les catholiques, à la liberté de conscience; éminemment liée, pour les catholiques, à la libre profession de leur religion. (Exclamations à gauche.) Vous en doutez!

M. ODILON BARROT. Je demande la parole.

M. BERRYER. La tâche devient difficile; car dois-je avoir la témérité d'apporter à cette tribune des doctrines qui ne peuvent pas y être discutées, qui ne peuvent pas y être mises en délibération. Acceptez-les dans leur simple énonciation, et que le débat ne porte pas sur l'enseignement catholique lui-même. Je dis que, dans la religion catholique, la profession religieuse est une voie de perfection conseillée, recommandée aux catholiques; que la vie religieuse et les vœux qui y enchaînent, et qu'il est inutile d'énumérer, sont une des libertés nécessaires de la profession de cette religion, parceque c'est un des conseils qu'elle donne, et qu'on doit avoir la faculté de suivre. Mais laissons de côté la question de dogme, que je ne fais qu'énoncer; permettez-moi d'envisager la question au point de vue des individus, de l'envisager aussi au point de vue des besoins, je dirai presque matériels, de l'Église catholique. Au point de vue des individus, je comprends que j'émets une idée, une conviction qui n'est pas partagée par beaucoup d'hommes, au temps où nous vivons; et cependant, pour qui voudra bien réfléchir sur l'état de notre société, pour qui a mesuré les travaux et les fatigues d'intelligence et de cœur auxquels tant d'hommes sont livrés dans notre siècle, ces grands désillusionnements qui viennent atteindre la vie (je ne parle pas des chagrins et des peines ordinaires de l'homme); mais pour qui a traversé tant de labeurs, tant de révolutions successives, tant d'efforts pour atteindre ou la fortune, ou la gloire, ou la grandeur, tant de mouvements dans toutes les classes de la société, tant de mouvements brisés, ne comprenez-vous pas que, socialement, philosophiquement, c'est quelque chose de bon, de précieux, que la faculté d'aller retrouver la paix dans la retraite, de s'y livrer ou à la méditation solitaire du chartreux ou au travail silencieux du trappiste, ou aux soins des frères de la charité pour les malades, ou de s'y préparer dans de longues et fortes études, à aller porter, avec la parole de Dieu, la vérité et la civilisation sur les terres lointaines, au milieu de races encore païennes et barbares.

Oh! ce n'est rien exagérer que de dire que ce conseil de la religion catholique est un besoin pour bien des cœurs rassasiés du monde, dans l'état actuel de la société.

Je sais qu'on se révolte, et qu'on repousse des vœux qui font qu'un homme abdique en quelque sorte sa propre nature, son existence d'homme, renonce à son individualité, comme le disait hier l'honorable M. Dupin; oui, je le sais; mais par vos institutions, par vos lois, qu'offrez-vous aux grands désespoirs, aux grandes lassitudes de la vie? La religion catholique offre des asiles; qu'ils soient ouverts, notre siècle en a besoin! Je n'appuie pas davantage sur ces considérations. (Mouvement prolongé.)

Maintenant, un mot avant d'entrer dans la discussion légale. Un seul mot; laissez-moi parler des besoins de l'Église. L'administration des diocèses, l'administration des paroisses, des cures, des vicariats, absorbe les travaux du clergé. Croyez-vous que, dans une société où l'Église catholique a été, je ne dirai pas réduite, mais mise dans la position où elle est, les hommes qui doivent, au nom de la religion, parler à tous, à la science, à l'intelligence, à ce qu'il y a de plus élevé dans la société, croyez-vous qu'avec les travaux ordinaires de leur ministère, la charge des âmes, ils puissent se préparer à ces grands travaux de la prédication? Ne comprenez-vous pas le besoin d'un long travail chaque année pour préparer les instructions, les discours, les enseignements qui, pendant des mois entiers rassemblent au pied des autels un si grand nombre de fidèles?

Croyez-vous qu'un homme chargé des soins d'une paroisse puisse appeler ainsi au pied de la chaire cette masse d'hommes de tous les rangs de la société pour expliquer aux esprits les plus éclairés du siècle les rapports de la religion avec les devoirs de l'homme et les progrès de l'intelligence? croyez-vous qu'il puisse le faire, s'il ne s'est pas livré dans la retraite à de libres méditations?

C'est sous ce point de vue que je maintiens que, pour la pleine et libre profession de la religion catholique, le secours de ces hommes qui se consacrent à la prédication est nécessaire, indispensable au clergé.

Est-ce un droit? Arrivons enfin à cette grave question.

Non, dit-on, il n'y a point de droit, c'est à dire qu'aucune congrégation religieuse ne peut exister si elle n'a été préalablement autorisée par l'État, et cette maxime est fondamentale, consacrée, vous a-t-on dit, par le droit ancien comme par le droit nouveau de la France. On a invoqué à la fois et l'autorité des anciens édits, des anciennes lois du royaume et l'autorité des lois nouvelles.

Examinons s'il n'y a pas là la plus étrange confusion, et si en effet on ne perd pas de vue le grand changement qui s'est fait en France sur la question religieuse, comme sur toutes les questions de liberté.

On a invoqué les souvenirs de l'histoire et les monuments de nos anciennes lois ; on a dit : dans l'ancien droit, une congrégation religieuse ne pouvait pas exister sans l'intervention préalable de l'autorité civile. Il ne suffisait pas d'une bulle du pape, de l'autorisation de l'évêque, il fallait encore que les statuts de l'ordre fussent préalablement vus, vérifiés et enregistrés.

C'est vrai, mais quel était le principe, je vous prie, quelle était la base fondamentale de ce droit préalable d'autorisation, d'approbation, de vérification des statuts des communautés religieuses? Tous les docteurs vous l'apprennent, et l'histoire, et le droit ancien tout entier. C'était une conséquence de la nature même et des droits du pouvoir souverain. Qu'était le roi de France? Il était le conservateur, il était le défenseur, l'exécuteur des lois de l'Eglise, c'est l'expression de *Domat*, que *maître* Dupin ne conteste pas probablement dans l'observation que je lui vois faire en ce moment. (On rit.)

Entendez ces questions, Messieurs, elles sont graves, et toute vérité en découle. Défenseur des canons, et, suivant l'expression consacrée, évêque du dehors, tenant le glaive en main pour faire exécuter les lois de l'Eglise, telle était la position de l'autorité civile ; elle ne pouvait pas admettre sans être obligée de maintenir. Elle devait donc approuver pour défendre, elle devait recevoir pour protéger, et de là la nécessité de la vérification préalable. L'autorité civile qui vérifiait l'institut, qui admettait et reconnaissait les vœux solennels prononcés dans chaque congrégation, dans chaque communauté religieuse, avait pour devoir de les maintenir, de les faire respecter ; elle jugeait la validité des vœux, et, en conséquence, elle faisait rentrer dans l'obéissance de la communauté celui qui prétendait s'en affranchir. C'est de là, Messieurs, c'est de ce devoir de la souveraineté, à cette époque, que découlait, non pas le droit, mais l'obligation de vérifier, d'accepter, d'approuver les statuts.

Messieurs, si l'on entend bien la conséquence du principe, on verra où il a conduit, et je veux dire ici ma pensée tout entière. Quelles ont été les conséquences de cette union étroite du sacerdoce et de l'empire ? Messieurs, vous l'avez vu : sous Louis XIV les conséquences ont été qu'on a converti en lois du royaume certaines opinions religieuses, certaines croyances qui avaient été antérieurement plus ou moins livrées aux discussions de l'école. La déclaration de 1682 devenue loi de l'Etat, quelle a été sa conséquence ? C'est qu'il n'était pas possible, aux yeux des esprits justes, que la puissance civile se fût ainsi unie à la puissance religieuse et eût converti en loi du royaume des croyances religieuses, sans qu'immédiatement la nécessité de la domination exclusive et du caractère exclusif de la religion de l'Etat se fit plus fortement sentir. Aussi, n'en doutez pas, Messieurs, la révocation de l'édit de Nantes est une conséquence de cette fusion du pouvoir civil avec le pouvoir religieux (Sensations diverses), de la consécration de la croyance religieuse introduite dans une loi de l'Etat. Il a fallu être exclusif le jour où la puissance civile a voulu être en même temps puissance religieuse.

Cela est vrai; mais tout cet ordre est changé; le principe a été renversé. Arrivons donc à l'ordre nouveau.

L'ordre nouveau, il a été fondé par la déclaration de la liberté des cultes.

On a dit hier que, si les hommes de l'assemblée constituante assistaient à notre délibération, il s'étonneraient qu'en France, aujourd'hui, en 1845, on discutât des questions de la nature de celle qui nous occupe, et qu'on élevât des doutes contre le système que présentait l'honorable M. Thiers. Je maintiens le contraire. Ce sont les hommes de l'assemblée constituante que j'invoque; ce sont les lois de l'assemblée constituante que j'invoque; et, puisqu'on les veut évoquer, permettez-moi de les faire parler à cette tribune en citant leurs opinions.

Qu'a fait l'assemblée constituante? La liberté des cultes déclarée, la séparation de l'Eglise et de l'Etat, la réunion à l'Etat de toutes les propriétés ecclésiastiques; et immédiatement il s'agit d'entrer dans les conséquences de ce système de liberté. L'Etat désormais n'est plus lié au sacerdoce, l'Etat désormais n'a plus a reconnaître d'engagements qui ne sont obligatoires que dans la conscience, des engagements qui doivent être étrangers à la puissance civile; les vœux, les vœux solennels vont donc être désormais déclarés méconnus par la loi constitutionnelle de l'Etat.

C'est ce que fait la loi du 19 février 1790; et comment et par quels motifs? Ecoutez-le de la bouche même du rapporteur:

Ce fut M. Treilhard qui présenta à l'assemblée,

comme rapporteur du comité ecclésiastique, le projet de décret qui est devenu la loi du 19 février 1790. Il comprit alors un ordre d'idées tout nouveau, celui que je m'efforce de bien expliquer devant la chambre: séparation désormais entre la puissance civile et les obligations religieuses contractées, mais non pas interdiction, mais non pas prohibition, mais non pas défense de contracter ces engagements. C'est ce que vous allez voir:

M. Treilhard disait dans son rapport: « Mais en « cessant de protéger des liens qui blessent plu- « sieurs individus, doit-on rompre la chaîne de « tous? En venant au secours du religieux fatigué « de son état, ne devez-vous pas protéger celui « qui désire d'y vivre encore? Votre comité a « pensé, Messieurs, que vous donneriez un grand « exemple de sagesse et de justice, lorsque, dans « le même instant où vous vous abstiendrez d'em- « ployer l'autorité civile pour maintenir l'effet « des vœux, vous conserverez cependant l'asile du « cloître aux religieux jaloux de mourir sous leur « règle.

« C'est pour remplir ce double objet que nous » vous proposons de laisser à tous les religieux » une liberté entière de quitter le cloître ou de « s'y ensevelir......

« Sans doute, Messieurs, vous ne refuserez pas « (Ecoutez ces mots), vous ne refuserez pas à ces « maisons le droit et le moyen de se régénérer. « Mais dans le moment où tous les regards se « tournent vers la liberté, nous sommes loin de « vous proposer d'admettre une perpétuité de « vœux que l'inconstance des esprits et l'instabi- « lité des choses ne sauraient comporter. »

Entendons-nous ici, Messieurs; qu'était l'autorisation préalable de l'ancien régime? Qu'était la vérification préalable des statuts? Une condition de la constitution de personnes publiques dans l'Etat; la communauté approuvée, la communauté autorisée devenait une personne civile ayant la faculté de posséder, d'acquérir et de rendre inaliénable, perpétuelle, comme son institut même, la propriété des biens qu'elle avait acquis. C'est là la conséquence de la reconnaissance des vœux, constituée par l'approbation des statuts, par l'approbation de l'institut : une communauté, une personne civile, capable d'acquérir, capable de posséder, et rendant inaliénables les biens qu'elle détient à différents titres.

Désormais, qu'y a-t-il, au contraire ? L'impossibilité de constituer cette personne civile, de soustraire à la loi commune l'existence et la distinction des individus ; désormais, impossibilité, dans le système de la loi de 1790, de constituer une communauté avec le droit de posséder à perpétuité et de posséder des propriétés devenues, par leur destination, inaliénables. C'est ainsi que le décret est entendu, que la loi est faite, et je vais la relire : c'est ainsi qu'elle a été complétée, dans un même esprit, par la loi d'octobre de la même année, c'est à dire que l'existence publique, patente, légale, consacrée par les pouvoirs publics, a cessé pour la communauté religieuse, pour la congrégation religieuse ; mais le droit de vivre libre dans une communauté, de s'unir pour suivre une même règle, pour prier, pour travailler ensemble, ce droit n'a point été attaqué par la loi de février 1790, et pas d'avantage par la loi d'octobre.

Voici les termes de la loi :

« Art. 1er. La loi constitutionnelle du royaume ne reconnaît plus de vœux monastiques solennels de personnes de l'un ni de l'autre sexe ; en conséquence les ordres et congrégations sont supprimés. »

« Art 2....

M. THIERS. — Lisez l'art 1er.

M. BERRYER, lisant. — « Sont supprimés sans qu'il puisse à l'avenir en être établis de pareils. »

M. THIERS. — Voulez-vous que je lise ? (On rit.) Sans qu'il puisse, dit l'art. 1er, en être établi de semblables à l'avenir.

M. BERRYER. — C'est ce que je viens de dire.

M. THIERS. — Voilà les expressions de la loi, et maintenant si vous voulez que j'explique la disposition....

M. BERRYER. — Oh non! Permettez! (On rit.) Ce que vient de dire M. Thiers est précisément ce que je viens de lire : Suppression des ordres existants, sans qu'il puisse en être établis de semblables à l'avenir; nous sommes parfaitement d'accord.

« Art. 2. Les individus de l'un et l'autre sexe existant dans les monastères ou maisons religieuses pourront en sortir. Il sera indiqué des maisons où seront tenus de se retirer les religieux qui ne voudraient pas profiter de la présente disposition. »

En effet, Messieurs, la loi du mois d'octobre 1790 a déterminé quelles seraient ces maisons; elle a réglé même quels seraient leurs revenus, et elle a dit que chaque religieux aurait le droit et la faculté de porter le costume qui lui conviendrait.

Je crois être fidèle dans l'analyse de cette loi.

Qu'y a-t-il jusque là ? Rien que je conteste.

La loi de 1790 existe. Je dis plus, vous ne devez pas, vous ne pouvez pas la révoquer, vous ne pouvez pas aujourd'hui, dans les principes de liberté générale qui dominent nos institutions politiques, vous ne pouvez pas aujourd'hui rétablir la reconnaissance des vœux solennels, car vous ne pourriez pas les reconnaître sans vous obliger par là même, comme puissance publique, à les faire respecter. Et, dans l'état actuel de la société, vous n'avez pas plus le droit de forcer un moine à rentrer dans son cloître que vous n'avez le droit de forcer un protestant à rester dans sa religion et à ne pouvoir se faire catholique, ou que vous n'avez le droit d'empêcher un catholique de passer dans une autre religion.

C'est la même situation, la même incapacité d'action dans l'un et dans l'autre cas.

Quel est donc l'effet vrai, la conséquence juste de la loi de 1790 ! C'est que l'Etat ne reconnaît plus de vœux religieux ; c'est que les personnes qui veulent contracter des engagements religieux ne sont plus, à ses yeux, investies d'un droit, d'un caractère public, formant une communauté publique, une personne civile dans l'Etat ; elles n'ont plus qu'un engagement de conscience. Ce sont, aux yeux de l'Etat, de simples particuliers vivant librement dans une maison qu'ils se sont choisie avec une règle religieuse qu'ils avaient la faculté et le droit de se choisir, mais vivant comme individus, n'ayant à ce titre aucun droit, aucun caractère public, aucune distinction, aucun privilége, aucune immunité. Il n'est pas possible de leur en attribuer. La loi de 1790 ne déclare pas autre chose, ne fait pas autre chose. Elle anéantit le caractère de personne publique dans les communautés religieuses. Elle les réduit à l'état d'individualités librement et volontairement agrégées et réunies.

Voilà tout ce que fait la loi de 1790, et rien autre. C'est une loi de liberté et non une loi de prohibition et de violence.

J'avoue que les termes de la loi de 1792 sont différents. Cette loi, *considérant qu'un Etat vraiment libre ne doit souffrir dans son sein aucune corporation pas même celles qui, vouées à l'enseignement public, ont bien mérité de la patrie.* déclare, art. 1er.
« Les corporations connues en France sous le
« nom de congrégations *séculières* ecclésiastiques,
« telles que celles des prêtres de l'Oratoire de Jé-
« sus, de la Doctrine chrétienne, etc., *même celles*
« *uniquement vouées au service des hôpitaux et au*
« *soulagement des malades.,... sont éteintes et sup-*
« *primées.* »

Mais permettez-moi, lorsque nous discutons des questions de liberté, de ne pas accorder une autorité respectable (et j'ai vu avec satisfaction que les orateurs hier ne l'ont pas invoquée,) à une loi qui a été faite dans l'intervalle du *dix août* aux *journées* du 2 septembre 1792. Certes ce n'est pas dans cette loi que, dans l'état présent de la société et sous l'ordre de la liberté qui nous régit, on ira chercher des autorités de principes pour servir de règle et de base à notre droit public. Je m'arrête donc à la législation de 1790, aux deux lois de 1790, et je maintiens qu'elles n'ont fait autre chose que ce qui est, ce qui doit être, ce qui subsiste et doit subsister en France, c'est à dire anéantir la qualification et le caractère publics résultant des vœux et des engagements religieux, et réduire les membres des congrégations à l'état d'individus contractant librement des engagements volontaires que l'Etat ne connaît pas et ne doit pas connaître, dans les maisons où ils se réunissent.

Plus tard est venu le concordat.

Assurément je ne viens pas contester ici les lois du concordat. Je ne suis pas de ces gallicans, passez-moi le terme, de ces hommes qui ont poussé à telle outrance les conséquences des trois dernières propositions de 1682, qu'ils ont dénié le concordat, qu'ils ont dit que le pape ne pouvait pas, contre l'autorité des canons, déposséder de leurs siéges les évêques qui n'étaient pas rentrés en France, changer la circonscription des diocèses et ratifier la vente et la confiscation des biens de l'Eglise. Non, Messieurs, le concordat a été un grand acte politique, un acte solennel, un bienfait pour la France; il ne sera pas méconnu. Que les lois qui en ont réglé l'exécution, les lois organiques soient susceptibles de modification, qu'elles aient été déjà modifiées en certaines parties, qu'il se trouve des dispositions évidemment inconciliables avec les libertés actuelles, sans que cela soit contesté par personne; que par exemple la prohibition de publier, d'imprimer, qui se trouve dans les lois organiques, ne puisse plus avoir force et vigueur aujourd'hui...

M. THIERS. — Mais si! mais si!

M. BERRYER. — C'est indiscutable,..

M. THIERS. — Je le discuterai, au contraire!

M. BERRYER. — Il faudra juger la criminalité; mais ce ne sera pas le seul fait matériel de publication qui constituera une contravention apparemment, ce sera la criminalité de la publication, de la chose publiée qui sera jugée. Peu importe, je n'engage pas de débat sur les réformes dont les lois organiques pourraient être susceptibles ; je dis que, dans ce qu'elles ont de relatif à la question actuelle, dans ce que l'honorable M. Thiers a cité particulièrement, c'est à dire les articles 9 et 10, les lois organiques sont pleinement exécutées, et c'est encore ce qu'il faut que la chambre sache bien.

« Le culte catholique, dit l'article 9, sera exercé sous la direction immédiate des archevêques et évêques dans leurs diocèses, et sous celle des curés dans leurs paroisses.

« Art. 10. Tout privilége portant exemption ou attribution de juridiction épiscopale est aboli. »

Cet article a été invoqué hier : je l'invoque aussi, et je demande que ce soit constamment, comme c'est aujourd'hui, l'état des choses en France. Il n'y a pas un prêtre, pas un religieux catholique en France, qui ne soit sous la subordination et la règle de l'ordinaire ; il n'y a pas un prêtre en France qui ne soit à la disposition de l'évêque ; il n'y a pas un établissement religieux en France.... (Mouvements divers.)

Je maintiens le fait ; non, il n'y a pas un prêtre catholique en France, reconnu comme tel dans la communion catholique, qui exerce son ministère sans l'autorisation et l'approbation de l'évêque diocésain ; il n'y a pas un seul exemple d'un fait contraire, et cela n'est pas possible. Jamais la situation des hommes entrés en religion, d'hommes appartenant à des congrégations religieuses, n'a été pareille ; toute exemption, toute dispense de subordination à l'ordinaire, à l'évêque, tout cela est anéanti ; rien de pareil n'existe, les prêtres ne peuvent prendre part aux actes du ministère ; ils ne peuvent l'exercer, ils ne peuvent être reconnus comme prêtres catholiques que quand dans chaque diocèse ils se présentent avec l'autorisation de l'évêque, et, je dis plus, les maisons ne s'ouvrent que sur l'appel de l'évêque, et nulle part vous ne verrez un homme appartenant à ces maisons monter en chaire sans la permission des évêques ou des chefs de la paroisse, des curés eux-mêmes. C'est dans cette subordination vis-à-vis de l'ordinaire que sont placés non seulement le clergé français, mais tous les membres des congrégations religieuses en France.

Ainsi le concordat reçoit son exécution, les lois organiques, en ce qui touche la question, reçoivent leur exécution, et c'est altérer la vérité des faits que de ne pas reconnaître aujourd'hui la subordination de tous les membres des congrégations religieuses à l'autorité épiscopale, à l'autorité de l'ordinaire.

M. Thiers. — Je proteste contre l'exactitude de ce fait. (Mouvement.)

M. Berryer. — Je maintiens le fait. Allons plus avant.

En messidor de l'an XII il est survenu, nous dit-on, un décret qui aurait ajouté une grande force à la législation qui prohibe les congrégations religieuses en dehors de la reconnaissance de l'Etat.

Messieurs, deux mots à ce sujet. Nous allons arriver à la charte constitutionnelle et à ses conséquences.

Le décret de messidor an XII dissout certaines communautés qui s'étaient formées; le décret de messidor an XII renouvelle, comme souvenir de l'ancienne monarchie, la condition de l'autorisation préalable pour l'existence des communautés religieuses en France, et rappelle surtout, par respect pour les principes de la révolution de 1789, l'interdiction des vœux solennels. C'est là ce qu'a fait le décret. Je sais qu'il a été accompagné de rapports très graves, et émanant de jurisconsultes très respectables; mais, Messieurs, comme nous allons passer, dans l'appréciation de la législation, d'un régime à un autre, permettez-moi cependant une réflexion qui n'a rien d'amer et qui est légitime.

Les hommes qui ont fait ces rapports jouissent

assurément d'une très haute considération, d'un très grand respect comme jurisconsultes, au milieu de tous ceux qui ont étudié les lois et qui ont connu leur science ; mais dans les discussions politiques, lorsqu'il s'agit de déterminer les principes, d'apprécier les conséquences du passage de tout un système de gouvernement à un autre système de gouvernement, permettez-moi d'attacher peu d'autorité aux rapports, aux opinions des hommes qui, après avoir posé les principes les plus larges de liberté dans les premiers temps de la révolution, ont trouvé des commentaires à ces principes, ont trouvé des commentaires à ces lois de liberté pour servir, constituer et soutenir le pouvoir absolu le plus grand qui ait jamais été exercé en France. (Mouvement.) Qu'il soit donc permis, quelque respect qu'on ait pour la science, de ne pas accorder une grande autorité politique aux rapports et aux opinions qui s'émettaient pour constituer le pouvoir nouveau qui allait se développer en France, et dont le caractère despotique est suffisamment apprécié.

Qu'est-ce qui a succédé à cela? La charte de 1814. Qu'a-t-elle déclaré? La liberté de conscience, la liberté des cultes, la faculté assurée à chacun de professer sa religion avec une égale liberté, c'est le mot de la charte.

La charte de 1830 y a-t-elle ajouté quelque chose? Oui, au point de vue que je signale et sur lequel j'appelle l'attention de la chambre, en cela qu'il faut distinguer profondément et la liberté de former une communauté religieuse ne constituant qu'une aggrégation d'individus, un établissement purement privé, et l'autorisation préalable nécessaire pour la reconnaissance publique, pour attribuer le caractère et l'existence publique à des communautés.

La charte de 1830 a élargi la liberté et les conditions de la liberté; et comment? En supprimant l'art. 6, qui déclarait la religion catholique religion de l'Etat. Je n'hésite pas à le dire : la charte de 1830, dans cette énonciation, est plus vraie que la charte de 1814; je n'hésite pas à dire qu'en supprimant ces mots *religion de l'Etat*, elle a placé la société française dans une situation plus logique, plus intelligible et plus sincère que la charte de 1814, qui, en déclarant l'égalité entre tous les cultes et par conséquent la liberté pour la profession de tous les cultes, réservait cependant une religion de l'Etat, et par là le devoir pour le chef de l'Etat de faire prévaloir le culte, la religion de la majorité. La simple énonciation que la religion catholique est la religion de la majorité des Français est une expression plus juste, plus vraie, plus claire, plus logique, dans l'état actuel de la société française et de ses lois.

Je le dis aussi, c'est une force de plus donnée aux principes de liberté, c'est à dire une interdiction de plus pour le pouvoir civil, de se mêler de régler les questions religieuses et d'aller dans les consciences discuter la valeur et le droit de contracter tel ou tel engagement qui n'est après tout obligatoire que dans le sanctuaire impénétrable du for intérieur.

Ainsi j'ai compris en 1814 et j'ai soutenu cette thèse dans divers procès devant les tribunaux, notamment pour la défense de l'illustre La Mennais. C'est là une de mes inébranlables opinions dont les preuves existent. Je ne dirai pas qu'on la trouvera dans beaucoup d'écrits imprimés de moi. J'ai peu écrit, non parceque j'ai craint d'être combattu par des citations de textes, mais parceque trop peu de loisir a été donné à ma vie, pour que j'aie pu élaborer suffisamment et mettre sous les yeux de mon pays, avec un soin digne de lui, l'expression complète de mes convictions. Mais ces convictions, je les ai arrêtées et je les reproduis aujourd'hui comme je les ai exprimées sous tous les régimes.

En 1825 et en 1826 je n'ai pas demandé la liberté dérivant du principe de la charte, pour faire la guerre, pour créer des difficultés à un gouvernement dont je fusse l'ennemi. Je crois que j'avais bien compris la puissance et les devoirs de la royauté héréditaire, quand j'ai répété à toutes les époques : « Ne vous défiez pas de la liberté ! » j'ai dit alors ce qui était vrai, ce qu'il était bon de dire, ce que je ne cesserai de dire à mon pays. (Sensation.)

Depuis 1814 jusqu'à 1830, j'ai compris la liberté des cultes en ce sens que tout engagement, que toute existence publique constituant dans une personne religieuse une personne avec un caractère public, avec des droits, des priviléges, des immunités quelconques, c'était chose impossible dans l'Etat. Mais à côté de cette impossibilité de reconnaître et de consacrer le caractère public, j'ai maintenu et je maintiens le progrès, qui est la conséquence de la liberté, de l'égalité de droits des différents cultes, le progrès qui consiste à pouvoir s'associer, surtout sous la loi d'un culte reconnu, à pouvoir s'associer sans autorisation préalable, et qu'en un mot la liberté de conscience n'était pas plus que la liberté de la presse soumise en France à des mesures préventives. C'est l'autorisation préalable comme nécessité que je combats, c'est là le point dominant de la question.

On parle des lois de 1817 et de 1825 ; mais qu'ont-elles dit ? Rien autre chose. Elles ont exprimé que les communautés ne pourraient acquérir, ne pourraient recevoir des donations qu'autant qu'elles seraient reconnues par la loi ; mais implicitement elles respectent la faculté et le droit d'exister comme communauté libre (Réclamations), sauf à n'être pas reconnue, à n'avoir pas le caractère public qui seul autorise et rend apte à recevoir des donations, à faire des acquisitions. (Non ! non !)

Vous ne le voulez pas croire. Comprenez bien cependant qu'il en est de la vie en commun comme de toute réunion religieuse, et qu'ici la question est large. Replacez-vous, je vous prie, dans tous les sentiments que vous avez eus tous, pendant les quinze années de la restauration, et supposez qu'en effet la restauration se fût pénétrée du principe dont vous êtes animés aujourd'hui, qu'elle ait cru que la liberté de conscience, en France, était soumise à des actes préventifs, à des autorisations préalables, et qu'il fallût dissoudre, comme on le demande aujourd'hui, tous les établissements qui n'auraient pas été préalablement autorisés : que serait-il arrivé ? Combien d'églises diverses ne seraient pas aujourd'hui condamnées, n'auraient pas été fermées ? Je vous le demande, les méthodistes et autres, les presbytériens, les anglicans, les évangélistes qui sont en France, et tant d'autres églises, ont-elles été autorisées ? Non ! Comment ont-elles existé depuis que la liberté des cultes a été proclamée ? Ont-elles existé en vertu d'autorisations préalables ? Non ! Désormais sous l'empire de la charte, il n'y a pas de garanties préventives ; il n'y a qu'un pouvoir répressif, un pouvoir de surveillance.

M. Dupin disait hier que les mots de surveillance et de liberté devaient être inséparables. Oui, je le déclare, et c'est en ce sens que je comprends la liberté ; je la comprends pour la conscience religieuse, pour ce qui est le privilége le plus grand et le plus sacré de l'homme ; je la comprends comme la liberté de la presse.

Admettez-vous les mesures préventives, l'autorisation préalable pour écrire ? et vous voulez l'autorisation pour prier en commun, pour travailler en commun ? Cela n'est pas possible ; cela est inconciliable avec le principe de liberté. (Mouvement. — Très bien !)

Un mot encore, et qu'il me soit permis de marcher ici appuyé sur deux graves autorités. L'une est, j'en conviens, des premiers jours de la révolution de juillet, c'est M. Dupin que je vais citer ; l'autre est de l'année dernière, c'est l'honorable M. Portalis, dont le nom a tant retenti dans ces discussions, dont je vais invoquer les paroles.

Au mois de septembre 1830, lorsque la charte

venait d'être déclarée, sur le rapport même de M. Dupin; revêtu pour la première fois de la toge de procureur général à la cour de cassation, il portait pour la première fois, je crois, la parole devant cette cour; il s'agissait d'une réunion de protestants qui, non autorisés, avaient loué un local, et qu'on avait voulu en expulser en même temps qu'on voulait condamner celui qui avait loué la maison à une amende, en vertu des art. 291 et autres du Code pénal.

M. DUPIN. Ce n'étaient pas des moines!

M. BERRYER. Non! c'était une association protestante, mais la question de nécessité légale d'une autorisation préalable pour cette réunion religieuse, était la question agitée.

Voici les paroles de M. Dupin, que, sur ce premier point de la question, j'invoque devant la chambre:

« Ne serait-ce pas, disait M. Dupin, une dérision
« qu'une telle liberté, et l'obligation ainsi impo-
« sée d'obtenir une permission pour célébrer son
« culte, ne produirait-elle pas le même effet que
« la censure préalable appliquée à la liberté de la
« presse. »

M. ODILON BARROT. Il s'agissait de la liberté des cultes!

M. BERRYER. Tout à l'heure! Il est impossible de tout dire à la fois. Commençons par apprécier l'opinion de M. Dupin sur les réunions religieuses à l'effet de célébrer le culte.

M. DUPIN. Le culte!

M. BERRYER. Oui, je l'ai dit.

« Messieurs, continuait M. Dupin, qu'il me soit
« permis d'invoquer devant vous les paroles du
« chancelier de L'Hôpital, dont l'autorité, si grande
« en toutes matières, l'est surtout quand il s'agit
« de liberté de conscience et de tolérance reli-
« gieuse; de son temps aussi on avait essayé de
« donner et de retenir en fait de liberté; il sem-
« blait qu'on eût tout fait pour les religionnaires,
« en proclamant la liberté de conscience sans la
« garantir, et le vertueux chancelier de s'écrier:

« Que si l'on veut borner la liberté des hommes
« de si étroites barres que la religion et l'âme n'y
« soient point comprises, c'est pervertir maligne-
« ment le mot et la chose même, car la liberté
« seule n'est point liberté. »

Je les relis ces paroles du chancelier de l'Hôpital : « *Que si l'on veut borner la liberté des hommes de si étroites barres que la religion et l'âme n'y soient point comprises, c'est pervertir malignement le mot et la chose même, car la liberté seule n'est point liberté.* »

Et l'honorable M. Dupin continuait en ces termes :

« Non la liberté seule n'est point liberté. Il n'y
« a de liberté que celle qui est suffisamment ga-
« rantie et dont on jouit réellement. *La liberté est
« action*. Cette liberté, objet de tous nos vœux, est
« descendue de la philosophie dans les lois, et il
« est temps qu'elle passe des lois dans les arrêts,
« c'est alors seulement que la charte sera une vé-
« rité. (Dalloz, 30, 352.)

Ainsi, dans l'opinion de l'honorable procureur général, pour les réunions religieuses se formant à l'effet de se livrer à l'exercice d'un culte, l'obligation de l'autorisation préalable est intolérable.

Et cependant veuillez saisir l'objection qui m'est faite : Il en est autrement, dit-on, des réunions qui se forment périodiquement pour la célébration d'un culte, et des personnes qui se réunissent pour s'enfermer dans une maison, dans un cloître, pour y vivre sous une même règle, sous une même discipline.

M. Dupin. — Et le serment !

M. Berryer. — Permettez !

Deux questions : celle des vœux, que vous reproduisez toujours, et celle de la cohabitation.

La loi des associations, vous l'avez admirablement compris avec votre grand et docte esprit, n'est pas applicable à la matière. Il ne s'agit pas ici de réunions plus ou moins régulières, plus ou moins périodiques, formées d'un plus ou moins grand nombre de personnes, de personnes qui, étrangères l'une à l'autre par leurs positions sociales, ayant des situations diverses dans la sosociété, y remplissant des professions diverses, ayant toutes les passions diverses, tous les intérêts divers dont la société est animée, se réunissant à un jour donné pour un objet déterminé, religieux ou autre, et redevenant, comme vous le disiez hier, après la réunion ce qu'elles étaient avant, rentrant dans la société avec toutes les passions, tous les caprices, tous les intérêts du monde. Ces réunions pour lesquelles la loi des associations est faite, j'en comprends la gravité, j'en comprends les dangers. Vous me dites cependant : Pour ces sortes de réunions, quand elles auront à s'occuper d'objets religieux, quand elles seront formées pour l'exercice du culte, ces réunions d'hommes pris dans tous les rangs de la société, dans les diverses positions sociales, qui vont immédiatement sortir de la réunion pour se reporter à leurs travaux, à leurs passions, à leurs intérêts accoutumés, ces réunions sont dispensées de l'autorisation préalable ; il n'y aurait pas de liberté pour elles si l'autorisation préalable était exigée ; une telle liberté serait dérisoire !!! c'est là le mot dont on se sert, et l'on invoque les plus nobles, les plus augustes sentiments, ceux du grand chancelier de L'Hôpital, pour établir que la liberté est action, et que, si l'action est soumise à la condition de l'autorisation préalable, il n'y a pas de liberté.

Mais, je le demande, toute passion à part, et vous préoccupant non des faits et des personnes, mais des théories et des principes à déterminer, je le demande, de qui l'Etat peut-il et doit il être plus sérieusement préoccupé : ou de ceux qui se réunissent accidentellement, soudainement, pour s'occuper de leur culte, ou de ceux qui s'enferment pour s'astreindre à une règle commune et vivre en communauté sous une même obéissance et une même discipline ? Quelle est de ces deux situations la plus effrayante pour la société ?

Vous me dites : Et les vœux !

Messieurs, à quel ordre d'idées allons-nous ? Les vœux sont à vos yeux un engagement qui peut offrir des dangers ! Il y a donc en France une logique légale qui va nous conduire à cette doctrine que j'ai entendu proposer: nous reconnaissons le principe de la liberté; mais des hommes, usant de la liberté, de leur droit, peuvent présenter un danger, et en conséquence il y a des mesures préventives à prendre à leur égard. Ce n'est pas par la répression de ce qu'ils feront de mal que nous les châtierons, ce n'est pas en empêchant leurs actes extérieurs, en saisissant ce qu'ils auront commis de contraire aux lois dans leurs réunions, c'est sur des soupçons, sous la prévention du possible, que nous les frapperons.

Hier on parlait, c'était l'honorable M. Thiers je crois, d'une grande collision qui, dans ces derniers temps, a éclaté entre l'épiscopat français et le gouvernement, et l'on disait que les religieux de la société de Jésus en étaient *probablement* les excitateurs. Le mot *probablement* est devenu le texte de l'accusation ; c'est la probabilité que des hommes peuvent se rendre criminels, qui fait qu'on doit aujourd'hui les classer à part et les soumettre à des mesures préventives. Bruits et mouvements divers.)

Je le répète, vous allez au-delà de la loi, au-delà du droit, au-delà de la puissance humaine. La puissance de l'homme, la puissance de tout législateur s'arrête devant ce qui est du domaine de la conscience. Vous voulez interdire les vœux, les engagements de la conscience ; vous n'en avez pas le droit.

Les vœux religieux sont, dites-vous, contraires à la nature ! Mais qu'appelez-vous donc le droit naturel ? Si un homme a des repentirs, des regrets, des désespoirs, quelle liberté lui laisserez-vous ? la liberté du suicide ! ! ! Est-ce là le droit naturel? Mais la liberté de mourir au monde, pour vivre en son âme selon sa foi ; la liberté de se réunir pour prier dans une même retraite avec ceux qui partagent les mêmes douleurs et les mêmes espérances, cette liberté vous la contestez! Au nom de la nature, vous ne voulez pas que l'homme vive à la face de Dieu, qu'il aille chercher là sa force et sa consolation! Non, il n'en peut pas être ainsi dans un pays libre. Toute distinction de droits entre l'exercice du culte et la profession religieuse, est une intolérable subtilité. Le droit de vivre en commun, sans autorisation préalable, vous ne pouvez pas le dénier en lui-même. Ce que vous déniez, c'est le droit de se lier par des vœux à cette vie commune quand ces vœux ne sont pas approuvés par l'autorité publique. Or, le droit de faire des vœux il n'est pas en votre puissance de l'interdire.

Vainement vous l'usurperez, vous ne pourrez mettre la main sur la conscience de l'homme et sur ses lèvres à la fois pour l'empêcher de faire, de contracter des engagements qui ne sont connus que de la conscience, et dont la conscience seule est juge. La raison des vœux est une raison détestable, une raison fausse, une raison injuste.

Examinons donc la question au seul point de vue de la cohabitation.

Je le demande, la cohabitation sans autorisation préalable, mais bien entendu sous la loi de surveillance, sous l'égalité de la répression, sous l'empire des lois qui puniront tout ce qu'il pourrait y avoir de coupable; cette cohabitation, qu'a-t-elle de différent des réunions fortuites, accidentelles, périodiques ou non, pour lesquelles l'honorable M. Dupin disait que, exiger l'autorisation préalable, c'était rendre la liberté dérisoire?

J'ajoute seulement une autorité à la sienne, car dans le développement de ces idées, je crains d'abuser de l'attention que la chambre m'accorde. (Non, non! parlez!)

Je m'attacherai aux paroles de l'honorable M. Portalis, dans la discussion de la loi d'enseignement l'année dernière; il a rendu hommage à ces principes qui sont vrais, qui sont écrits dans toute notre législation, et qui dérivent de la différence de la condition actuelle du pouvoir avec la condition du pouvoir avant 1789, différence qui est toute dans la séparation, la disjonction de la puissance religieuse et de la puissance civile, de l'empire et du sacerdoce.

Qu'a dit l'honorable M. Portalis l'année dernière ? « Il ne s'agit pas de proscrire et de bannir « du sol français ces institutions religieuses dont « les formes ont varié avec les siècles et les révo- « lutions des mœurs, mais que la religion catho- « lique s'est toujours glorifiée de porter dans son « sein, et qui sont conformes à son esprit. » Et plus loin : « Pour être éloignés de l'enseignement « (c'est ce qu'ont fait les ordonnances de 1828), « ils n'en pourront pas moins exercer librement « sur la terre de France, toutes les fonctions les « plus importantes du ministère ecclésiastique. « La protection de la loi ne cessera pas d'entourer « celui qui aura déclaré avoir contracté des en- « gagements que la loi ne reconnaît pas, mais « qu'elle ne punit pas. »

Ainsi cette double situation, claire, simple, qui ne livre pas le pays à des périls, qui n'appelle pas la guerre civile, cette double situation de liberté et de répression, elle est admise, reconnue par les hommes les plus éminents; il est impossible de refuser à la vie commune, ce que l'on accorde pour les réunions formées à l'effet d'exercer et de pratiquer un culte quelconque. Cette liberté, je l'ai dit, elle est nécessaire au culte catholique; elle est dans l'esprit, dans les besoins de notre Eglise; c'est cette liberté que nous soutenons être dans les lois; elle y est tout entière ; vous ne trouverez rien dans les lois de 1790, sous tout régime où la liberté des cultes a été respectée ; rien dans les lois de 1814, dans les lois de 1817 et de 1825, rien dans tout ce qui s'est fait postérieurement, qui soit contraire à cette liberté; elle est écrite dans la charte, je la réclame, je l'invoque.

Je demande que les hommes qui sont engagés dans les communautés et les congrégations soient soumis à la surveillance publique ; qu'ils soient comme tous les citoyens, en dehors des mesures préventives, et seulement atteints par la répression de leurs actes.

Faut-il discuter la question particulière à la compagnie de Jésus ? Je croyais inutile de l'aborder, elle est évidemment la même que celle de toutes les communautés religieuses ; cependant je ne veux pas paraître l'avoir fuie ; je vais en conséquence, en dire deux mots :

Les religieux de la communauté de Jésus sont, selon moi, dans le droit général. La charte n'est-elle pas faite pour tous.

On a dit, en protestant d'un grand attachement pour la religion catholique et d'un profond respect pour le clergé, que l'interpellation adressée aux ministres, ne concerne que les jésuites ; ils sont à part ; ils sont jugés ; ils ont été proscrits ; il ne s'agit que d'exécuter les lois de leur proscription ; il ne s'agit que de reconnaître la condamnation dont on les a frappés.

M. Dupin. — On n'a pas dit cela.

M. Berryer. — Pas dans ces termes ; mais ce qu'on a dit était assez clair ; et vous avez déclaré que comme *raison écrite* vous reconnaissiez l'autorité des arrêts des parlements.

Je vois toujours avec peine, dans un pays qui a traversé tant d'événements féconds en révolutions contraires, tant de changements dans sa constitution, dans son organisation générale, je vois avec peine une confusion perpétuelle entre les sentiments, les pensées, les lois d'époques si diverses et comme un retour perpétuel du temps présent vers les temps anciens, vers les institutions et les opinions anciennes.

Si aujourd'hui nous venions à cette tribune invoquer des arrêts de parlement, rendus dans un siècle bien rapproché de nous, assurément, car moins de cent ans se sont écoulés depuis les arrêts de 1761, 1762 et des années suivantes ; si dis-je, à cette époque les parlements, au lieu de prononcer la supression de l'institut, en avait ordonné le maintien ; et qu'il fût question aujourd'hui de citer comme *raison écrite*, de tels arrêts : Messieurs, je ne veux pas injurier le passé, j'y suis disposé moins qu'un autre ; mais, je vous le demande, dans une question de principe, dans une question de jugement sain, impartial et de liberté, avec quelle voix puissante ne viendriez-vous pas dire : Comment ! au temps où nous sommes on nous présente à titre de *raison écrite*, et de décision impartiale en ces matières, l'opinion de juges qui, la même année, condamnaient Calas à la roue comme ayant assassiné son fils parcequ'il s'était fait catholique ! En effet, l'autorité de raison et de jugement, vous la reconnaîtriez en 1845, dans les arrêts des parlements qui, en même temps qu'ils ordonnaient la lacération de l'institut des jésuites, ordonnaient que de la main du bourreau fut lacéré et brûlé *l'Emile*, et qui bâillonnaient Lally deux années plus tard. (Bruits divers.)

Chaque temps, chaque époque s'est égarée et trop souvent par des sentiments honnêtes. Les pensées des hommes qui nous ont précédés, les monuments de leur existence, ne les outrageons pas, sans nous bien pénétrer des sentiments devenus publics, des passions devenues publiques, des préventions devenues publiques, qui ont égaré en d'autres siècles, les plus fortes et les plus hautes raisons ; mais comprenons aussi que l'histoire de nos pères et de nos devanciers sera la nôtre ; qu'à chaque pas nous devons bien méditer nos résolutions, et savoir si, quand nous prenons de grandes déterminations publiques, nous les prenons exemptes de ces mouvements impétueux et désordonnés de l'esprit qui aveuglent les intelligences les plus élevées et les plus droites, et qui égarent les cœurs les plus honnêtes.

Aujourd'hui, Messieurs, je ne veux pas, je ne

puis pas consentir à accorder aucune autorité juridique, aucune autorité de raison à ce qui s'est fait au milieu des préventions, des rancunes dont les juges étaient animés à cette époque; ici, je ne calomnie pas, je n'injurie pas, vous savez tous l'histoire de votre pays. Les illusions, les erreurs, les théories des philosophes, les rancunes de sectaires passées dans le cœur de certains magistrats de France, doivent vous faire douter de la parfaite impartialité des hommes d'ailleurs les plus respectables.

M. Dupin. — Et dans toute l'Europe!

M. Berryer. — Dans l'Europe! invoquez-vous la raison écrite en Portugal, par exemple? quand à la même époque, en 1762, à Lisbonne, on a fait monter sur un bûcher un vieillard de soixante-quinze ans, le père Malagrida, sous prétexte qu'il était coupable de magie, d'hérésie, et de ne pas avouer les feintes qui le faisaient passer pour un saint homme? (Adhésion à droite.)

Voilà votre *raison écrite*; elle est éclairée par les flammes du bûcher.

Ne calomnions pas, n'injurions pas, mais jugeons avec l'esprit de notre temps.

Nous sommes sous un empire de droit, de liberté et d'égalité.

Est-il possible d'admettre qu'il y aura en France un pouvoir qui dira que des hommes doivent être proscrits, obligés de sortir de la maison qui est à eux, et dans laquelle ils vivent en commun sous l'autorité de l'ordinaire, dans une foi qui est celle de la majorité des Français? Je ne veux pas parler ici de ce dont le public est si malheureusement occupé, de ces accusations qu'on accumule dans tant d'écrits; ces jeux cruels des imaginations les plus déréglées suffisent-ils pour le juge, pour le législateur?

Je ne viens demander l'impunité pour personne; je ne viens pas demander le droit de corrompre le cœur et la conscience des Français, de troubler les fidèles, comme vous le disiez hier; non, que

Dieu dessèche ma langue dans ma bouche si j'appelais un mal pareil sur mon pays, si je demandais la perturbation dans les consciences des gens de cœur et de bien : ce que je demande, c'est la justice, c'est la liberté.

Mais, dit-on, ils obéissent à un supérieur étranger ; eh ! Messieurs, c'est notre crime à nous tous catholiques ; nous avons dans l'ordre spirituel le pape pour chef ; nous sommes comme eux dans l'ordre spirituel, relevant d'un supérieur étranger : mais non pas d'un souverain étranger.

Quand le concordat fut fait, M. Portalis a dit, en propres termes : « Le premier consul a traité avec le pape, non comme avec un souverain étranger, mais comme avec le chef de l'Eglise universelle, dont les catholiques de France font partie. »

Ces rapports avec le supérieur étranger, ils existent pour tous les autres ordres religieux.

Il est bien aisé de crier au jésuite ; mais qu'on nous dise quelle loi ajourd'hui en vigueur leur est personnelle et applicable !

Dans mes jeunes années, à la fin de 1795, les lois qu'on interprète si mal aujourd'hui étaient entendues autrement.

La révolution avait frappé toutes les congrégations ; la congrégation de l'*Oratoire* avait été dissoute et dispersée en 92, comme toutes les autres.

L'institut, en tant que public, avait été anéanti ; mais l'idée d'interdire à des hommes qui avaient vécu sous une règle la faculté de vivre en commun, et d'appliquer leurs admirables lumières à l'éducation de la jeunesse, cette idée n'était pas venue alors. J'ai eu le bonheur, en 1795, de les trouver réunis dans leur maison, qu'ils avaient rachetée, y vivant comme particuliers et y donnant l'éducation que j'ai reçue, grâce à Dieu, de leurs mains.

Je les ai connus ces hommes dont on avait détruit la congrégation publique, l'existence légale, je les ai connus dans leur existence libre, dans la pratique privée de leur institut.

Il m'en souvient (je vous demande pardon, je ne pensais pas m'abandonner ainsi). (Très bien ! — Parlez !) C'est un des touchants, un des nobles souvenirs de mes premières années. C'était dans les premiers jours du consulat, je crois, mais certainement après la seconde campagne d'Italie, nous étions nombreux dans cette maison sous la direction des religieux de *l'Oratoire*. Le père Lombois avait été supérieur de l'école d'Effiat, en Auvergne. Le premier consul nous avait donné, pour camarade, son plus jeune frère, celui qui devait plus tard devenir roi de Wesphalie.

Un jour il vint à nos portes à Dammartin, à une lieue de la maison de Juilly. Deux cent cinquante enfants, rassemblés par douze ou quinze pères de l'Oratoire, furent au-devant du premier consul ; je vois encore cette belle figure, ces longs cheveux blancs, cette grande robe noire du père Lombois qui s'approchant du guerrier : « Général, les maîtres qui ont formé Desaix, Casa-Bianca et Muiron ont l'honneur de vous présenter leurs élèves. » *Ils sont en bonne main, mon père*, dit le vainqueur d'Italie ; et nous qui savions sa gloire, il jetait sur nous ses vifs regards comme pour nous ordonner de respecter ces religieux qui nous avait amenés auprès de lui.

Ainsi, en 1796, ces religieux vivaient comme particuliers, possédaient à titre particulier, ayant acquis, je ne dirai pas de leurs deniers, mais à l'aide du concours de leurs amis et de la confiance de nos pères et mères, la maison de Juilly, où ils vécurent en paix et respectés de 1795 à 1806, époque où j'ai quitté cette maison.

Voilà comment les lois ont été alors entendues. Je maintiens donc cette vérité : la législation de 1790 détruit, anéantit, interdit le renouvellement de tout établissement monastique et toute reconnaissance publique de vœux, tout caractère de personne publique et civile attaché à une communauté religieuse ; mais cette législation n'a pas interdit le droit sacré de vivre en commun ;

n'a pas interdit le droit sacré de s'unir sous une même règle, de prier en commun ; cette législation ne l'a pas interdit ; car cette liberté c'est celle de penser, c'est celle de sentir, c'est celle de se repentir, c'est celle de se reposer.

Voilà ce que c'est que la liberté de vivre en commun dans une congrégation religieuse, suivant l'enseignement catholique ; c'est cette liberté que nous revendiquons ; est-elle contraire aux lois ? jésuites, chartreux, bénédictins ou trappistes, tous sont dans les mêmes conditions. Est-ce que tous ne relèvent pas de Rome ; est-ce que tous n'ont pas leurs supérieurs à Rome ? est-ce que tous ne doivent pas obéissance à Rome ? La seule règle où il y ait quelque restriction apportée à l'entière obéissance du religieux envers ses supérieurs, c'est celle de S. Ignace. Comparez toutes les autres règles, celle de S. Benoît, le grand instituteur des devoirs monastiques, celle de S. Bernard, et vous trouverez dans toutes cette même prescription d'obéissance, qui n'est que l'obéissance dans l'ordre spirituel à l'autorité du commandement spirituel. Là où la charité n'est pas contraire au commandement, l'obéissance est la loi sainte.

Voilà sa nature, voilà son caractère. Que demandé-je ici pour les congrégations ! Que ce droit d'obéir, selon sa foi, soit respecté.

Je dis que ce droit est inhérent à la liberté de conscience, à la liberté de religion. Si ceux qui ne doivent avoir que des rapports spirituels avec une autorité étrangère, ont des rapports criminels et contraires aux lois ou au bien de l'Etat, frappez-les, je vous les abandonne. N'avez-vous pas des moyens de saisir les actes coupables, d'arrêter les correspondances dont l'existence est condamnée par le Code pénal ? (Réclamations.) N'avez-vous pas des compétences déterminées, même pour les chefs supérieurs de l'ordre ecclésiastique ; toutes ces lois répressives sont entre vos mains. Mais, en 1845, un système de prévention, un système d'autorisation préalable pour pratiquer la liberté de conscience, c'est le démenti le plus grand, le plus cruel, donné à la constitution; je le repousse et je demande l'ordre du jour pur et simple sur les interpellations.

(Une longue agitation règne dans toute la salle. La séance reste suspendue pendant une demi-heure.)

www.ingramcontent.com/pod-product-compliance
Lightning Source LLC
Chambersburg PA
CBHW060715050426
42451CB00010B/1459